우연히 발끝 상처를 낸 돌을 모셔 왔다

빛남시선 172

우연히 발끝 상처를 낸 돌을 모셔 왔다

장
은
정
시
집

빛남출판사

• 서문

이른 봄,
유난히도 청신한 연초록 담쟁이가
아기 손바닥만 한 잎을 바람에 살랑이면서
햇살에 빛나고 있었다.
그 앞에 부동으로 서서
한겨울 깡마른 뼈로 담을 부여잡고 견디는
담쟁이의 인내를 보았던 걸 기억했다.

산다는 것은 곧 창조
창조의 아픔이 빚어낸 거룩함에 눈물이 고인 채,
서 있었던 기억을

2025년 가을

장 은 정

서문 •5

우연과 순간

1부

우연과 순간 • 12
역사를 쓴다 • 14
예민한 감성으로 • 15
상실과 자유 • 16
아름다운 계산법 • 17
봄을 초대함 • 18
우울을 벗다 • 19
창의적 좌절 • 20
산다는 것 • 21
한순간의 촉 • 22
초록 번데기 • 24
변화의 모퉁이에서 • 25
이제 밭을 갈 때 • 26
아직 늦지 않은 이야기 • 27
흘러가는 것들은 • 28
침묵하지 않는 용기 • 30
막걸리 한 잔의 자화상 • 31

2부 그리움은 음악처럼

연어의 아가페 • 34
그리움은 음악처럼 • 35
지구의 으름장 • 36
차가운 이슬을 훑으며 • 37
나다운 노후 • 38
차향에 얹은 여백 • 39
회복탄력성 • 40
꿈은 행동의 숨은 설계자 • 41
문짝 신부님 • 42
60년 죽마고우 • 44
신발도 더워 • 46
로봇 태권V • 47
고요 속의 소요 • 48
그네와 시소 • 49
바람이 분다 • 50
밀당이나 해 볼까 • 52
섬을 떠나는 이유 • 54
방랑의 DNA, 나의 아버지 • 56
나무하러 가셨다 • 58

3부 오랜 기억 속의 향기

발가락이 아프다 • 62
밭담 이야기 • 63
오랜 기억 속의 향기 • 64
아이러니 • 66
시각예술 • 68
편지는 쓰는데 • 70
새싹이 • 72
은혜로운 아이 • 73
매미의 기억 • 74
나부끼는 가을 향기 • 76
로맨틱 버드 • 77
톨레랑스 • 78
반디의 소야곡 • 79
값진 선택 • 80
감나무 아래 익어가는 • 81
달맞이 • 82
교차점에 선 순간 • 83
매의 사냥을 노려보다 • 84

4부 그래도 가리라

작은 정원 • 88
자기만족 • 89
그래도 가리라 • 90
다대포 윤슬 • 92
다섯 쌍 발가락 • 93
아모르 파티(Amor Fati) • 94
100주년 삼일절 • 96
구슬이 서 말이라도 • 97
생각의 전환 • 98
슬럼프에 빠진 그대에게 • 99
천연 핫팩 • 100
하동 칠불사 • 101
격세지감 • 102
코로나 팬데믹 • 103

해설_살아 있는 정신의 꽃은 시들지 않는다 • 106
박정선(문학평론가)

1 우연과 순간

우연과 순간

삶은 타이밍

장애물에 부딪히며 흐르는 강물처럼
기도하던 중 응시한 촛불
거룩한 지향인 양 순간 포착된 마리아상
과학과 믿음 사이를 걸어가는 순간이다

봄 길 따라나선 문경새재 이화령
단애 끝을 날아오르는 소나무 한 그루
찰나의 생각으로 화폭에 담은 수묵화의 세계

하얀 도화지에 정교한 그림
예기치 않은 실수에 덮어버린 즉흥 드로잉
미지의 불안에 영감이 피어난 순간
사소한 변화지만 기적을 이룬다

우연히 발끝 상처를 낸 돌을 모셔 왔다
첨탑 위로 흐르는 유유한 구름처럼
세월이 흐르고 수맥도 흐르니 이끼가 덮였다

넉줄고사리가 돋아나고 돌단풍이 자라난 돌나무
자연 생태계에 독특한 사연이 스며든 순간이다

자연의 흐름 속 교집합의 탄성
우연의 순간이 결정적 예술로 승화한다

역사를 쓴다

아침을 기웃대던 거미 한 마리가
쏘아 올린 액상의 단백질
순식간에 외줄이 굳으며 탄력을 장전하지만
점, 선. . . 줄 사이로 먹잇감이 빠져나간다
서둘러 면을 채워야 한다

너는 지혜의 신
차가운 뇌로 완성을 확인한
무한 반복으로 확장된 방패연의 고리
안개비 내린 후
찬란한 수정 그물에 호흡을 멈춘다

우리들의 우정도
방적돌기에서 뽑아내는 실처럼
상승기류를 타고 시공을 넘어와
각자의 거리에서 치열하게 도약하며 역사를 쓴다

예민한 감성으로

여름과 가을 사이의 하늘과 태양
완전한 무로 가는 길에
우리는 사랑의 꽃을 피워야 해요

죽음을 앞둔 별은 뜨겁고 찬란해요
야성도 뜨거움이라면
흩어져 불타는 보석 조각마저
꿰뚫을 수 있는 이성의 창을 주셔요

자신을 비워가는
치열한 이성이 아름다움이라면
차디찬 절벽을 기어오르는
깊고 예민한 감성을 갖게 하셔요

그 감각의 촉과 마음의 음색으로
맞이했던 혹독한 계절
별의 최후엔 꽃노을을 보게 하셔요

상실과 자유

검푸른 잿빛, 소소리바람
화려한 그림자의 상실은 위기의 징조였다

융융한 표면 아래 작은 바람이 일고
부족한 골짜기에 한 획을 그어버린 바닷새는
개와 늑대의 시간을 맞닥뜨렸는지 모르겠다

날개 돋친 밀물
또 한 번의 풍랑이 할퀴고 간 뒤
바닷속은 말짱하게도 공허하고 깊어졌다

난해한 잔여물 속에서 눈을 뜬 인내는
사랑에 빠진 뇌처럼 달콤하여
비로소 찾아 읽는 평화의 행간에
참꽃 같은 웃음은 덤인 듯

자유, 그쯤에서 느끼는 모순

아름다운 계산법

꽃이 지고
쓸쓸히 뒹구는 낙엽
때마침 찬란한 햇빛에 황금 옷을 걸친다

평화와 고요의 순간을 추구하는 시간
정서는 균형을 맞추려 더듬거리고
다시 환영받을 때를 기다리는 새싹은
삶의 순환에 경험치를 얹어갈 것이다

약한 데서 힘을 얻는 나눔의 자리에
은총의 이름값이 놓이고
인내와 더불어 덤으로 맞이할 기쁨의 날들

고독의 시간조차 수용하려는 욕구는
희망을 선결재하는 방정식이다

봄을 초대함

민들레 홀씨처럼 눈이
하얀 가슴에 하얗게 하얗게 쌓인다

시간의 흐름에 정체된 고독의 시간
적절한 순간 장벽을 넘기를 추구하는
눈꽃 터널 눈가루가 흩날린다

늘 대지와 함께 겔, 졸의 상태
눈은 자체로 변화의 상징
고요한 일시적인 평화의 순환이다

변혁을 기다리며 정서적으로 성장한
태동의 연결고리에
감정을 격려하는 초대의 시간

우울을 벗다

존재의 깊은 곳을 파고드는
적요의 침울
습하고도 두려운 계단 아래 끌리는
한여름 밤의 꿈

찻잔 속 태풍에 휩싸여
생멸의 속내를 짚어가며
몽땅 잃어버린 시간을 정제하기 시작했다

얽힌 뿌리에선
감성 나름의 속도로 발톱이 자라고
화려하진 않지만
보이지 않던 게 보이는 깜빡이의 점등

절제하고 침묵한 선善의 세계로
몰입의 곡선을 타는 것

창의적 좌절

우주발사체가 대기권으로 진입하는 매력
양자역학의 화두에 어필하는 리트머스 같은 사람

달은 믿음이 아니라
동등하게 보는 것으로 존재한다는
그 이유에 대한 찰떡같은 이해는
에너지를 끌어오는 성숙한 이타심일까?

온정신을 특별한 접근법에 무게를 실으며
매 순간 좌절을 극복한 사람
외로움을 받아들일 준비 태세로
포기하지 않고 달려온 빛나는 과정
승리는 트로피를 받는 순간이 아니라는 외침

산다는 것

도로는 다 녹았는데 숲엔 소복한 눈
얼음 결정을 단 매실나무
꽃눈이 살아 시린 겨울을 견디고 있다

정작
아무것도 일어나지 않는데
시간은 흐르는데
정체된 이면
변화가 진행되리란 기대로 가득하다

산다는 게 뭘까
곳곳에 아름다움을 심으며 발자국을 내는 일
자꾸 티를 내는 예민함을 내려놓고서
묵묵하게 존엄을 지키는 일

꽃눈과 흰 눈 위로 하늘이 더욱 파랗다
그래서 참 좋다

한순간의 촉

가시버시 두레박 남편이 마실을 간 후
약속 상대 알 수 없는 실종
동네 안팎 생활 반응을 추적한다

사건의 전조는 전화기가 꺼진 순간이다
동네를 벗어나 끊긴 엉뚱한 곳
탄식은 점차 불길한 징조를 드러낸다

주검의 발견은 칠흑 같은 어둠 속
흑색 얼굴은 잠시의 반가움일 뿐
벼랑에 버티어 선 그루터기다

킬링 포인트의 단서로 밑밥을 깔며
길 없는 곳에 변화구를 던져 길을 낸 베테랑
미제 사건 들추어 파면 팔수록 데칼코마니라
촉을 따라왔더니 검거에 도착했다는 승전보

용의자의 황당한 머릿속 시나리오

얄팍한 당당함이 하늘을 찌르는데
깊어지는 우발 범죄 미궁에 빠져든다

초록 번데기

잠결에
누군가 살며시 불러요

파랑 고치네요
들꽃들이 눈웃음 짓고
파랑 고치는 선명하게 보여요

아! 나비의 번데기는 초록이군요
꽃처럼 예쁘네요

이내
축복의 나래를 펼치겠지요

얼른 잠에서 깨어나
꽃샘바람 건너 살피꽃밭으로 가요
그 분명한 마중 시간 감성을 충전해야겠어요

변화의 모퉁이에서

지진도 없고 혁명이 사라진 봄날
다시 깨어
거대한 물결을 보았다

해가 떨어진 자리에서
열화와 같은 심장을 억누른 채
슬로비디오라는 별명을 매달고
느린 바람의 속도로 걷는 길에

제멋에 겨워 저울질하고
죽고 사는 번뇌의 파고를 넘으며
내일은 둥지를 지으리라는 할단새처럼
다짐은 늘 숙제 같은 것

날마다 변하는 세상의 귀퉁이에서
비록 거친 파도를 탈지라도
돌을 녹이고 쇠를 녹이는 용암처럼
불같은 하루를 살아야 맛이지

이제 밭을 갈 때

낡은 것은 내 것
좋고 새로운 것은 네 것이란 선한 강박에
숲이 타는 냄새가 스멀댄다
지구가 주는 만족감을 향해 손을 뻗칠 때
재빠르게 황혼을 훑고 온 어둠에 갇혔다

고독 서린 바람벽을 등지고 글을 쓴다는 행위
안에서만 풀어 놓을 뿐
그 어느 바깥에도 내놓지 못한 채 밤새 고상고상
혀는 길어져 있었다

지친 마음을 후리는 초침 소리에
옴팡진 욕구, 예민한 소갈머리가
정서의 나락을 허락하지 않는 시점
콩밭에 두었던 감정을 추슬러 옷을 갈아입고
이제 제대로 밭을 갈아야 한다

한 톨의 소망에도
집중의 리듬을 타는 거다

아직 늦지 않은 이야기

시월의 문을 열고 단풍이 든다
가슴에서 바람이 일고
떨어지는 꽃잎에 죽는다는 오늘

문득
스스로에게 들려주고 싶은 이야기
반짝이는 눈빛으로
너무 비장하지 말기를
오늘 당장 아니어도 괜찮다고

내일은 비가 온다는데
뚫어지는 이 가슴에 가을비가 온다는데
그래도 단단한 마음의 뿌리에 감사하다고
늦지 않게 들려주고 싶은 이야기

흘러가는 것들은

좁은 미로의 골목길
낡은 유리문을 보호하려는 듯
고개 숙인 엣지 처마
상상 이상으로 겸손한 모습의 선술집
슬몃슬몃 발길을 끌어들이고 있었다

색색의 조각으로 서녘 하늘은 타고 있고
옷깃을 세운 이방인의 술잔엔
진즉부터 방랑의 홍조가 찰랑였다

원로 작가 주인장 닮은
누런 벽면의 시화 몇 점 읊조림에
드물게 시어詩語로 화답하는 뭇 예인의
박수갈채가 이채롭다

한 모퉁이
튕기는 기타 줄에 다문다문 걸터앉아
더러는 배타적인 즉흥시를 노래하는 사람들
연출인 듯 갸웃대는 실루엣에 눈을 감는다

빛바랜 원탁에 무시로 찾아드는 묵객들
냉기와 축축한 추억을 걸친 채
악어와 악어새처럼 흘러왔을
크지도 조용하지도 않은 웅성임으로
흘러가는 것들을 안내하고 있는 강나루

침묵하지 않는 용기

때론 작은 돌멩이가 일으킨 파도가
마그마처럼 밀려와
모래톱을 맹렬히 더듬는다
산봉우리도 만들었다

직선 또는 곡선으로 골짝을 그려내며
흑백의 깃털을 펼쳐 놓는 미지의 길
힘찬 뿌리의 심장에서 뻗어 내린 갈래갈래
우렁찬 핏줄의 함성이 서린다

파도는 침묵하지 않는 용기
구름처럼 모였다가
자유로이 흩어져 검은 모래로 남는다

막걸리 한 잔의 자화상

몽돌 부딪히는 소리 반주 삼아
침실 깊숙이 자장가처럼 스며드는 달빛
늘 정확한 궤도의 삶을 안내했다

운명의 잔에 잦아든
바다의 눈물
인내가 비등점에 달했을 무렵
하늘이 환하게 안겨 와
한참 동안 눈물이 차올랐다

완급을 조절해 가는 삶
내 인격만큼만 가진 행복은
신께 감사해야 하는 아픔 같은 것이다

막걸리는 쓰디쓴 게 아니라
그저 달착지근 희미한 술일 뿐이라며
구시렁구시렁

2 그리움은 음악처럼

연어의 아가페

모성의 벌칙인 양
물음표 꼬리를 물고
끈질기게 강을 거스르는 물고기

종족 번식의 본능
무조건적 사랑은 처절하다

기를 다해 거칠어진 비늘
고독한 평화가 깃든 주검이
장렬하게 산화한 탄생의 자리

우리도 언젠가
금의가 아닌 수의로 가야 할 약속의 본처
생명의 수레바퀴 소리 스친다

그리움은 음악처럼

생생히 빛나는 가슴 절절한 만족감으로
두 대의 클라리넷이 풀어내는 협주곡
여린 새싹이 기지개를 켜듯
오롯한 시간, 한계 너머의 상상에 매혹된 채

봄볕에 무르익은 향을 맡으며
낡아버린 모자를 쓰고 한가로이 걷는 걸음에
또 한차례 그리움이 서성인다

평행의 선으로 따진다면 덤으로 가는 날들
쉼표 한 번 잡을 수 없었지만
만신창이 같은 길이라도
굳이 서둘러 갈 이유는 없었다고

하루가 내려앉고 바다가 부르는 시간
그때야 대나무 숲을 걸어 나오며
사그랑이처럼 버려야 했던 묵은 사념들

지구의 으름장

봄동 보니 봄이 왔네

높은 산 깊은 계곡
새봄의 문을 여는 잔설 가지
꽃피울 준비에 땅속 분주한 몸짓으로
얼었던 자신을 녹일 때가 됐음을 알린다

생산적인 방식으로 도태의 벽을 넘으며
새로운 풍경을 연출하는 순순한 자연
한순간 숲의 숨결을 시기하는
화마의 눈이 혀를 날름댄다

거침없이 속내를 드러내는 그 시커먼 **뻔뻔함**
불덩이, 활활 타는 저승의 폭격
숲을 핥는 붉은 눈동자는 잔인하다

위기의식으로 비를 기다리는 마음
울화에 못 견뎌 더욱 붉게 탄다

차가운 이슬을 훑으며

가을바람에 상실을 자각하는 억새
거칠어진 가지와 나누는 밀어의 시간
키 낮은 팽나무도 놀노리 물들고 있다

탄력을 잃고 나뒹구는 낙엽
그리움인 듯
쓸쓸함인 듯
예정된 낙하, 쉼표의 깃발이다

무지를 깨치는 걸음으로
깊어진 계절을 호흡하는 특별한 순간
강기슭 빛나는 이슬에 흐르는 경음악
감사의 새벽기도로 덮인다

나다운 노후

부산 시내
원을 그리듯 포진해 있는 삼 남매
중심축에 엄마가 살고 있다

그 옛날 반보기를 하던 풍습처럼
험한 세상의 바다에 다리가 되어
아침 차는 요새를 지키며 꽃길을 달린다

마음을 낮추어 조용하고 무게 있는
사랑의 해시태그를 날리며
정돈된 감성으로 에너지를 흡수시키는
내 공들여 키운 자식들에게
행동과 감정에 축복이 있기를 비는
가장 나다운 자리에서의 노후

차향에 얹은 여백

그루잠에서 깨어난 민망함
어쩌면 쓰다만 소설의 완성을 꿈꾸었는지 모르겠다

푸른 산을 대하듯 다도 삼매에 빠질 요량에
찻자리를 펴고 다소곳이 설렘을 얹는다

마음의 온도와 어울리는 편안한 보이차
발효와 숙성의 풍미 가득한 숙차로
시간의 깊이를 즐겨본다

내 마음에 휴식의 꽃차도 선물할까?
투명한 찻잔에서 다시 피어나는 꽃
눈으로 마시며 멍때릴 수 있는 차

새싹 보리 일렁이는 말차
비취색 거품 입술에 품어 보려
재빠르게 다선을 젓는 손길
연둣빛 보리밭 다완에 가득 펼쳐지고
휘파람 새소리 방울져 떨어진다

회복탄력성

태양이 뜨는 시간에 맞추려던 일기
녹작지근한 게으름

어제오늘 눈발이 날리고
우리가 나누었던 담소의 조각들
묵직한 침묵에 갇힌다

서성이는 하루
그런대로 적절히 헤쳐 놓은 오감
개밥그릇 된 골동품 이야길 떠올리며
하릴없이 좁아진 동공
청정한 하늘에 미소로 추근대 본다

회복탄력성에 정답의 길은 없다
그저 파도를 타자

꿈은 행동의 숨은 설계자

조금씩 조금씩
시간이 떨어져 나간다

푸푸 푸르르륵
열정적으로 침이 튀고 빗물이 튀는데
행복하다 웃었다
빛나는 얼굴에 얽힌 레이저
푸르고 붉은 선의 경계는 사념의 세상

그리움의 시간이 흩어진다
절절히 흩어져 간다
조금씩, 더 많이

어두운 점들이 수 놓인 공간
순수의 의미로 대리 충족하는 꿈은
숨어 행동하는 설계자의 작품이다

문짝 신부님

구리 지옥에서 우주로 날아오르려
드럼통을 타고 그네도 탔던 나라
강대국과 키 맞추려 발버둥치는 신생아 잠비아

아버지의 조건 없는 사랑
그 마음으로 찾아간 학교 선교사 신부님
평온 따위는 한숨에 묻힐 따름이었다

나이가 깡패인 아이들 주먹 한 방
수시로 문짝이 너덜나는 장난
아! 신부님 입에서 불쑥 튀어나온 "시바"

멈추는 작업을 도통 할 수 없는 세월에
연민하다 비친 순수의 발견
아이들 순진한 눈망울에 빠져
그제야 신명나게 어우러져 춤을 추었다지

사랑을 매단 새 문짝
향기를 풍기며 부서지는 제비꽃처럼

모금 바람으로 교정을 가꾸는 선교의 흔적
잠비아에 별명으로 흐른다

60년 죽마고우

고등학교 여름 방학
여중 때 영도를 떠나 이사한
순이네 집에서 하룻밤을 보냈다

나고 자란 섬을 벗어난다는 것은
흑역사의 경험을 건너뛸 거리두기
아름다운 성공의 방편이 될 수 있었을 거다

탱자나무 울타리를 끼고 뒷동산에 오르면
한 동창이 서성이는 건넛마을 기찻길이 보이고
상아탑이 건설되고 있는 산속
곧 도시바람이 불 것 같은 그림이 생경했던 시절

생존 전략이 바뀐 도시 숲새
지빠귀, 휘파람새, 꾀꼬리의 경계음이 들리는 언덕배기
찔레꽃 배경, 초강초강한 친구 얼굴 보며
피톤치드 향기 속에서 동심으로 노래 부르고
토끼풀 가락지를 끼워주던 웃음도 싱그러웠다

옹색한 형편에 영어가 목말라
승아는 이따금 하야리아 미군 부대를 찾았단다
쪽지 편지랑 브라우닝, 릴케 시를 선물하곤 했던 그녀
어릴 적 행복을 꿈꾸었을 갈증으로 도전한 시간
친구들아, 그때를 기억하지?

따스한 정신세계에서 그리움의 향기를 맡으며
인격의 저울을 챙기는 죽마고우 3인방

신발도 더워

감각을 속여야만 하는 무더운 여름
벗어도 덥다는 듯 뛰어 들어온 아이가
냉장고 문을 냅다 열고 신을 집어넣는다

여름을 포기할 수 없는 아이
땀에 흠뻑 젖은 머리칼을 쓸어 넘기며
'신발도 얼마나 덥겠냐'는 너스레
그 멋진 정신 함박웃음으로 기를 살린다

좋은 모 촉에서 훌륭한 신아가 나오듯
엉뚱한 발상의 아이
따뜻한 마음으로 서늘함을 신는 신발

로봇 태권V

나는 껍데기다
내 속은 시스템
잠시 머무는 간이역 같은 동체다

진화론 따위와 경쟁하지 않으며
혈연의 잔혹사도
내 안전의 이익에 우선하지 않는다

나는
단순 방향성에 의한 존재일 뿐
아니, 존재 아닌 먼지

그런 내 속에
훈이와 영이가 있다

고요 속의 소요

테이블 네 개가 전부인 카페
전혀 소홀함이 없는 곳
일인 다기에 각각 핑크빛 예쁜 꽃차를 우린다
여유가 주는 참으로 맛있는 분위기

쩡쩡 저수지 얼음 녹는 소리
처마 끝 낙숫물 소리
저벅저벅 귓바퀴를 돌아오는 소리에
귀가 순해지고 마음마저 순해져야 하는
겨울이 녹는 계절

출발 전과 후의 눈 색깔이 다르듯
하얗게 부서지는 파도에 눈을 담그며
고요 속 소요를 즐기는 휴식

그네와 시소

5월 5일 보릿고개 넘긴 수릿날
몇 주걱의 밥, 여울물에 흘려보내며
살아낸 이들의 잔치 한마당 전통 놀이

공중 높이 차고 오르면 하늘이 성큼
힘찬 도움닫기로 포물선을 그리며
좌표를 찍던 그네뛰기
추억이 녹슨 놀이터 터줏대감이다

멍석 위 널빤지에 밥을 주며 균형을 잡고
점프에 고조된 우리 가락이 구를 때
주어진 한 날 여인은
곡예의 혼을 불러 널을 뛰었다
이젠, 용수철 중심으로 오르락내리락
흥부의 톱질 같은 감각 놀이 시소가 되었다

탄성의 에너지를 받은 인생 놀이
그 중간에 어린 내가 살아 있다

바람이 분다

설레었던 그 계절은
성급히 옷을 갈아입고 있다
바스락대는 연민의 소리
극한의 침묵으로 저려올 때
푸르름은 추위에 죽어간다

삶이라는 본능에 부는 바람
커다란 눈을 굴리며
발버둥치는 의지에 날개를 달아야 한다

더 많이 실패하고
습관처럼 더 많이 움직이는 것은
늘 새로운 바람이 불기 때문
그들만의 리그라 치부하지 않는 이유다

풍광이 변하고 또 변한다
시간이 흐른다

바람이 분다는 것

성장의 가속도가 붙는다는 것

밀당이나 해 볼까

푸른 하늘 밝게 웃는 날
사정없이 내리쬐는 뙤약볕
현관문을 나서는 건 가혹한 편

장마철
느닷없이 세차게 쏟아져 흙을 녹이다가
금방 시치미 떼는 산들림
여우별처럼 뜨거운 청춘을 묻은 채
처연히 일상을 사는 우리 모습과 겹친다

한낮에도 어둑살 낀 숲 그늘
쏴 쏴, 장쾌한 폭포 소리
구슬픈 멧비둘기 소리
얼굴을 스치는 바람 한 점에
마음을 진정시켜 주는 위로가 담겼다

햇살 부서지는 초록빛에 해들거리며

시린 계곡물에 발 담그고 앉아

지난한 여름에 맞서 밀당이나 즐겨 볼까!

섬을 떠나는 이유

섬으로 간 그

햇발 눈부신 물비늘 연주에 찰랑이는 뱃노래
돛을 드높여 봄바람을 탔다

보물 찾아 호르르, 호르르
창공을 달리는 휘파람 소리

하지만 그리 오래지 않아
허우룩한 심장에 겨울비가 내렸다
조용히 갯가에 앉아
구슬픈 하모니카 선율에 감정을 풀어 놓았다
슬프면 슬픈 대로

어느 날 바람꽃이 훑고 간 후
남은 것은 없었다
물 위를 날던 갈매기가
모래벌판에 사뿐 내려앉을 뿐
빈손

머리가 꽃밭이던 보물섬을 떠나야 하는 이유다

떠난다는 것은
열정의 파열음을 들으며
평안과 긍정의 집으로 가는 회색빛 그림자

방랑의 DNA, 나의 아버지

이륜차 판매 수리점 앞
북풍에 휩쓸려 온 낙엽이 소복한데
문득 아버지 생각, 눈물의 근원을 더듬는다

시청 앞 오토바이 상사 간판을 건 피난민
뿌리 내리지 못한 희망은 큰 화재에 묻히고
봉래산 기슭 초가에 터전을 걸친 채
일류 엔지니어로서 무시로 드나드신 특허청
야속한 그 길엔 꺾이는 꿈만 자욱할 뿐이었다

어린 시절
만주 벌판, 북녘땅을 따라 헤맨
독립 투사 후손의 패기는 방랑의 DNA였을까
의기 투합되지 못한 세월 겉돌았던 78년 생애
사슴 눈의 어머니를 바라보는 조무래기들을 두고
종래 석양의 멋을 로맨스로 실현하신 아버지
훗날에야 그 마음 헤아려보니 그리움 외로움 같은 것

마지막
열부란 이름에 걸맞은 엄마의 간호로
편안히 가신 아버지
한가위 달 뜬 오늘, 안개 속 보름달이 젖는다

나무하러 가셨다

달포도 못 가
논에는 피가 웃자라 있고
별안간 바삐 장을 담그시는 어머니
저승사자 같은 커다란 장독에
엄마의 품처럼 고향을 담고 계신다

서로의 실을 뽑아 단단히 묶고
동고동락했던 만족한 삶
충분했지만 너무도 짧은 인연
무덤엔 고독한 시간이 흐르고
바다를 그리워하는 소라껍데기처럼 귀가 열린다

-"이 세상 가장 중한 사람은 내 맞지예?"
"딱~맞다"
"이래 아파서 어짜능교?"
"마, 괜찮다, 내만 아프나 싹~다 아픈기라"
"인자 내는 이 세상 우예 살면 되겠능교?"
"마이 묵고, 마이 댕기고, 걱정은 내리놓고 살그래이"

먹이를 물어 나르는 제비처럼 살아생전 그랬듯이
푸르딩딩한 하늘
그 꼭대기
아부지 나무하러 가셨다

3 오랜 기억 속의 향기

발가락이 아프다

꼬리를 드러낸 겨울
파란 핏멍꽃이 터질 듯한 발
그 정도는 참을 수 있단 너스레는 누구 생각인지
내 생각인지 네 생각인지

세게 부딪힌 엄지발가락 절뚝이는 다리
작은 구두에 갇혀 옹이 박힌 새끼발가락

단말마의 비명에 몸의 균형이 휘청일 때
하찮은 존재가 아닌 귀하신 지체
심장과 같다는 발
고통을 겪고야 깨달았냐는 일갈

훗날 맨발의 상처를 모른 채
양말도 신발도 벗어 던지고
유배를 풀어달라며 반기를 드는

맨 밑단 자리에서 오만해지고 싶은 발가락

밭담 이야기

길목에 몰아치는 바람과
뾰족한 돌기와 숭숭한 구멍의 담벼락
텅 빈 듯 날카로운 듯 조화로움에 음악이 흐르고
쇼팽의 빗방울이 리듬을 맞추던 시절

냉이를 사랑했다는
로맨틱한 밭담

오랜 추억을 거슬러
재즈가 줄을 타고 건너다니는 돌 틈새
도담도담 냉이는 자취 없고
여전히 바람 부는 텃밭에
장미도 아닌 방자하게 피어난 찔레꽃

완벽한 이방인의 가슴으로
놓쳐버린 시간을 묶어 놓아 두련다

오랜 기억 속의 향기

집으로 가는 발길에 낙엽이 흩날렸다
할 일을 끝낸 후 그것뿐이었다

결혼식
오늘의 주인공은 바로 신부와 신랑
신랑은 늠름하고
신부는 아리따웠다

엄마는 건강한 웃음에 활력이 넘쳤고
아직도 아름다움을 잃지 않았다
아버진 품위 있고 근엄하였다

문득
30여 년 전 우리를 생각했다
그때 청춘의 품은 뜻 하늘을 찔렀다
바다로 흐르는 물처럼 흘러온 세월
오랜 기억 속의 향기

우리의 피도 여전히 뜨겁고 붉은데

서쪽 하늘에만 찾아오는 일몰
청솔 언덕에서 바라보는 눈에 낭만이 그윽하다

아이러니

느린 속도의 걸음에
세월의 빠름을 실감하는 나이
울적할 땐 우울한 곡을 들으며
지나칠 수 없는 유혹처럼 꽃향기를 마신다

직선보다 곡선 궤도를 탔던 시간
악과 선의 경계선에서
낡음 속 새로움으로 마주하던

혼돈 속 질서가 공존하는 것이며
국한되지 않는 다양함에
동의가 깃들어 있다는 이 모순의 세상

아, 어느 땐
조용한 음악에 잠겨 명상하고
때론 시끌벅적함 속에서

고요의 의미를 찾는

무아지경에 들고 싶은 반어

시각예술

눈으로 볼 수 없다고
실존하지 않는 게 아니라는
어린아이의 신앙처럼

사라짐은 자연스러운 것이나
사라져 볼 수 없음에
그럼에도 그걸 보여 주고 싶은 건
무에서 유를 창조하는 경계에 있을 뿐

체념과 냉소 사이
가능성 또는 호기심으로 활짝 열어 놓은
담찬 행위 같은

경계를 구분하고 줄을 긋는 일
수월한 생각과 동시에 뇌를 구속하는 이면을
극도의 긴장감으로 부여잡고

그래서 새로운 영역에 도달할 수 있을 것 같은

긍정적이거나 꼭 그렇지만도 않은 시각의 메시지

편지는 쓰는데

긴 이별 짧은 만남
항구의 뱃고동 소리 구슬퍼라
우연의 스침도 특별하게 이어진 인연

시린 겨울을 견디는 꽃눈을 다독이며
인정욕구를 채워주던 휴게의 시간
습관처럼 구석진 자리를 찾아
잔잔한 침묵 속에 오래도록 머물렀다

때로는 열정적이고 산만한 머글의 삶에서
불편한 이야기를 노래하는 엘비스처럼
봄을 기다리며 편지를 썼다

꽃이 쓴 편지를 받은 당신
버선발로 달려오시란 말도
동백꽃 연가로 맞을 거란 모방도 없이
그저 온실에서 자란 딸기처럼
신맛이 나는 채로 단단해져 간 몸뚱이

지금은 노지 딸기처럼 무른 몸이 되어
빈 편지를 쓴다

새싹이

황혼이 져야 비로소 날개를 펼친다는
미네르바의 부엉이처럼
날개 속을 파고드는 목마름에
레몬수 흐르는 소망 능선을 오르고 있었다

가시관 더욱 선명해지고
기도 따라 흐르는 미사 시작 종소리
그렇게 분수 같은 눈물 바람을 맞았다

예지몽을 꾼 후
두 줄을 타고 찾아온 젤리 같은 존재
태명 새싹의 심장 소리는 사랑이었다

뜨거울수록 푸른빛을 내는 별처럼
푸르게 빛날 손주를 기다리는 할미는
기도하며 존재 이유를 찾는다

은혜로운 아이

결 고운 땅에 뿌린 씨
에너지의 물줄기로 정성스레 빚으며
무한긍정의 싹을 틔워 낸다

때론 삐그덕대는 발달의 과정
여린 감각의 민감성은
세분화한 사회와의 소통 의지로 결속한다

다양한 경험의 생을 수용하며
공동의 관심사에 잎이 돋고
초록의 감성이 자라 울창해져 가는 꿈나무

격려와 인내로 함께하는 동행의 길에
생채기도 생기고 사랑도 깊어져
상처 입은 치유자로 거듭나는
오늘의 행복
거룩한 열매

매미의 기억

창틀이 여지없이 우그러지며
통 큰 유리창은
싹쓸바람이 밀고 들어와
불룩해진 배로 팽팽히 버티다
끝내 터져버렸다

용광로에서 뜨겁게 완성을 꿈꾼 후
단단해진 몸체
쉽사리 깨지는 속성의 유리건만
자연의 힘 앞에 유연해졌다가
부서진 강화된 입자들
슬픔과 사라진 낭만을 쓸어 담아야 했다

바람의 힘으로
수백 미터 끌려다니는 컨테이너
매미에 뒤엉킨 진흙탕 차들과 집
그리고 청청했던 나뭇잎은 사정없이 뜯기고
꼿꼿하던 등줄기에 허연 소금물을 덮어쓴 채
그예 속이 시커멓게 죽어간 나무들

그 은밀한 가혹함에
매미성은 울음으로 높이를 쌓았다

지금 또 폭풍우는 큰 아가리를 벌리고
유령의 울음소리로 할퀴어대고 있지만
반복해서 우리가 할 수 있는 건
고작 수의를 입히듯
친친 테이프를 붙이는 일이다

나부끼는 가을 향기

석양 노을 비추는 초저녁
붉어진 중년의 바다에 깔리는 트럼펫 연주
긴 그림자로 연출된 쓸쓸한 모래톱엔
몽클몽클 가을의 연가가 아롱진다

땅거미 짙은 오솔길
소슬한 바람에 젖은 풀벌레 소리
완연한 갈빛 옷을 걸쳤음에
오종종하니 물기 마른 별도
같은 세월 동질감으로 빛을 모은다

눈동자에 맺혀 드는 별빛 아래
마요르카의 낭만, 포도의 시간을 마시며
화염에서 농익은 향기에 취해 가을을 노래한다

로맨틱 버드

새들의 세레나데
치열한 삶이 깃들어 있다

찬란한 수채화의 계절에
아끼며 배워 가는 사랑의 공간을 찾는다
한결같은 맥락과 긴장된 흐름 속
설계도도 없이 집을 짓는 건축학의 대가답게

거미줄로 해먹도 걸어 놓고
뱀 껍질 소파에 새털로 장식한 호텔 둥지
나무 꼭대기 안식처에서
벚꽃 향기 매력에 빠진 로맨틱 버드!

시간을 달리는 새야 힘찬 날갯짓을 해라
뜨거운 심장으로 하늘을 품어라

톨레랑스

생과 가까이 닿은 푸르른 숲
물마, 그 후
음지에선 옹골찬 꿈이 자라고
햇빛은 하얗게 부서져 내린다

저기 까맣게 떨어져 앉은 용암
살아 들끓던 것이 죽은 자리
그 길에 잎사귀가 돋아 흔들리고 있다

뿌리와 새싹
닭이 새벽을 깨우듯이
이제 꽃 피울 준비를 마친 공동의 목표
부쩍 살찐 포용에 생기 가득 품고

가던 길 멈추고
허용의 언덕에 올라 악수를 하자
유연한 마음의 소리로

반디의 소야곡

무작정 따라간 선명한 불빛은
부처님 손바닥 위에서 깜빡인다

푸르른 봄날을 타고 온 선율 미드나잇블루
오선의 행간을 오묘하게 역동하며
푸른 바람을 일으키는 반디

협업을 이룬 변주곡처럼 압도되는 반짝임
이중의 색깔은 신기함 아닌 신비의 빛으로

사막에 펼쳐진 신기루처럼
초원에 창연했던 사라져가는 자연의 무리
감미로운 오케스트라 연주에 밤을 삼킨다

값진 선택

좋은 것에 의미를 두고 베푸는 마음
아껴두었다가 꺼내는 양질의 느낌
우월한 에너지로 끌어올려진 캐릭터는
유전자의 전략인 거다

소중히 감별된 여낙낙한 사람으로
멀리 바라보고 가는 길
조건 없는 마음으로 그냥 같이 가자
새싹 같은 교향악에
부력이 생긴 발걸음으로

한 쌍인 우리 양쪽
함께하는 여정의 끈을 잡고
하루하루 분명하게 값진 선택을 하자

감나무 아래 익어가는

시인의 영혼으로 새파란 하늘을 이고
가을 타는 주홍 나무
아!
누가 선명한 초롱을 저리도 많이 밝혀 놓았을까!

바람에 찢기고
풀벌레가 구멍을 내도
오롯이 제 색깔 수 놓고 있는 나뭇잎

자연의 조화를 풀어 놓은 우주 한 귀퉁이
구멍 숭숭 뚫린 채
까만 점박이 윤택한 단풍처럼
나는 가을, 이대로 앉아 있어도 좋겠네

달맞이

점선을 찍으며 눈이 내리는데
산복도로 초가집 지붕 속
묵은 구렁이가 지키고 있었단다

깊어지는 밤
푸근한 아저씨 같은 그 집에선
전구 씌운 구멍 난 양말
거늑하니 둘러앉아 한 땀 한 땀 꿰매는 중

졸린 눈 비비며 듣는
아버지의 도깨비 이야기는
깜빡깜빡 필라멘트 같았었지

덧댄 헝겊, 양말의 상처가 아문 뒤
별을 동경한 어린 삶에
동그랗게 달이 뜬 내력

교차점에 선 순간

돌아서는 뒷모습이 참 쓸쓸하기도 하지
흔들린 손끝에 노루의 눈동자와 털이 난사되어
되레 매정한 빛으로 두렵다

저 유순한 눈의 속삭임에
자작나무 숲은 나날이 깊어지고
때로는 쩽하고 갈라지는 불뚝성은 본성
작은 놀개이의 변덕이 천진스러운데

타지 않게 얼지 않게
콩깍지가 씌는 법을 터득한다든지
말 안 해도 알 수 있는 독심술 같은
초고도의 심리전엔 통하고 싶지 않아

단 한 번 노루의 삶
애증의 입체적인 교차점에 선 순간
불완전한 자궁이 온몸을 휘젓는다

매의 사냥을 노려보다

이슬점 감싼 하얀 베일이 드리운
잔잔한 호수에 모람모람 물새

평화를 노려보는 초집중의 눈빛

하늘 높이 빙빙 돌다가
표적에 내리꽂히는
저 가당찮은 속도, 가속도
실패를 두려워 않는다

순식간에
심장을 꿰뚫을 듯 날카로운 발톱
깃털이 허공에 흩날린다

사냥에 최적화된 신체의 무기와
급강하 실력을 갖춘 방향 전환의 선수
부도덕하리만치 전략은 사악하기 그지없고
실체를 따돌린 확대된 그림자에
생존의 권리는 사라져간다

저항의 송곳니, 발톱
나약한 토끼의 큰 귀
두리번거리는 노루의 커다란 눈
약자로 내몰린 아우성에 모래바람 자욱한데

갈대밭 사이 렌즈에 건너온
참담한 가슴을 보는 써늘한 오늘

4 그래도 가리라

작은 정원

적벽부를 불러 성찰하는 사색의 뜨락에
오늘 하루도 꽃잎처럼 그리움이 쌓이고
별뉘 한 자락 내려앉았던 작은 정원
고요와 어둠이 달빛에 젖어 흐른다

깊은 하늘엔 사위어 가는 달
그리고 그리움처럼 빛나는 별, 별
그럼에도 온통 별을 품지 않은 하늘엔
빛을 완전히 잃은 아득한 공간
사뭇 여백의 미가 운치롭다

생존 전략인 감사함으로 머물고 싶은 여유
경이로운 선물인 넉넉한 감성으로
충만과 공허의 밀도를 재구성해 본다

자기만족

시간이 왈츠를 추는 정열의 하루
간간이 헛웃음 섞어
재미를 불러대는 시간을 제치고

가식 없이 달려온 한갓진 벌판
엉뚱한 다리를 지나 고립된 곳
초점 없는 공간에 시계 소리 적막한데
세월 비껴간 벽 사진이 흔들흔들
사람 온기처럼 다가온다

흔들리는 것은 순리에 맡겨둔 채
궁서체 말미 쉼표가 되어주는 뉴에이지
폐부 깊숙이 파고들어 숨결을 적신다

가을 달빛에 흐르는 비창
지금
만족한 시간

그래도 가리라

결혼행진곡이 울린 후
엘레지처럼 악기는 늘어지고
설레던 꿈은 소멸 아닌 잔뜩 흐린 하늘
신호등은 색맹인데 길은 늘 한 방향

냉소를 장식한 그대여
아궁이 불 조절하듯
옆 사람과 적절히 온도를 맞출 때
사랑은 타오르는 것이라오

꼬물꼬물 별을 가리키는
가느다란 인내의 끈을 맞잡고
세월 따라 깊어지는 장맛처럼
가족의 정도 그렇게 깊어지는 것
마음의 안테나를 세우고
다시 출발하는 거다

붉은 용암 분출하는 그곳

가 보자

휴화산은 쉬지 않는다

다대포 윤슬

갈매기 그림자조차 숨은 한낮
눈부신 보석을 일제히 쏟아버린 하늘은
푸르른 바다를 건져 올리고

윤슬은 보물 창고를 열어
은하수처럼 오팔을 뿌려놓았다

가벼이 신을 벗어들고 걷는 세모래 벌판
센 물의 흐름에 유연할 수 없어
굴곡진 키 낮은 돌기엔

노스탤지어의 해조음
수만 갈래 고뇌의 사연이 묻혀 있다

다섯 쌍 발가락

햇볕이 멀어지면 멀어질수록
광목 이불이 차갑다며 호들갑이던
한 이불 속 다섯 남매

다독이듯 들려주던 오빠의 장발장 이야기
한계 없는 자유로움 속에서
영원을 얘기하고 순간을 말했다

길목 황소바람 스산했지만
바이올린 선율이 빈 마음 채워가던
다섯 쌍의 발가락
그 따사로움 속에서

아모르 파티(Amor Fati)

자기애로 고고히 무장한 단출한 여행
블루아이가 머문 정원엔
우울 아닌 초록이 반짝이고 있었다

고개 바짝 도도한 하늘나리 곁
변심의 꽃공을 단 채
다독다독 유혹하는 수국은 내숭꾸러기

정갈한 고택에 공존하는 시간
어둠 속 선선함에 마음의 빗장을 열고
아방한 만찬에 초대되어
맛과 멋, 그 나름의 와인 향기를
야금야금 씹는 여유가 호사스럽다

매지구름이 그리는 하늘 냄새에
내밀한 속내가 드러나고
밤이 깊어질수록 담백한 심경
은밀히 떠나온 무공해의 공간에서
홀로라 덜 외롭다는 건 완벽한 고독이다

고뇌하던 감수성으로
기분 좋은 소리, 내음과 소통하며
운명을 긍정하는 자애自愛의 순을 틔운다

100주년 삼일절

자체로 빛이 되지 못하고
눈물로 에너지를 제공하는 상생 표본의 초

품은 살갗, 타는 심지
간절한 기도며, 뜨거운 희생, 슬픈 환희여

순수로 태어나
오욕칠정의 생멸을
오직 한 몸으로 함께하는 불꽃이여

 나라를 위해 바칠 목숨이 오직 하나밖에 없다는 것이
 나의 유일한 슬픔이라는 열사의 절규
 오롯한 사랑의 심지에 불을 댕겨라

구슬이 서 말이라도

하늘을 보지 못한 나날
치열했던 번뇌
언제나 그렇듯
자신을 이기기가 가장 어렵다

모순의 이론에 강을 건너고 산을 넘어
때로는 외곬의 고독
생잡이로 뚫느라 선혈이 낭자하다

산고를 겪지 않고
어찌 옥동자를 낳으랴
구슬을 꿰지 않고
어찌 보배를 얻을 수 있으랴
뻔한 인용문을 끌어당겨 위안을 삼는

아, 나의 순수여
표현의 자유여

생각의 전환

술에 취해 도랑에 빠져버린 인간
술은 도랑을 좋아하는구나!
아니, 사람이 도랑을 좋아할지도 모른다는

그것은 선호도 문제가 아니라
벽이 있었기 때문이라는 변명
인간은 참 극단적인 변이종이라더니

길을 걷다가 벼 이삭의 도랑에 빠져
낯을 구겨 넣고는
갑론을박 병나발을 분다

슬럼프에 빠진 그대에게

공에 시간이 실렸다
선수로서의 모든 주제가 된다

몸이 기억하는 정보를 내뱉으며
힘을 빼는 강도 높은 훈련은
무한 열정으로 생성되는 뿌리의 자양분

박탈감을 느끼는 그대여
그대는 나의 선수

진심의 농도가 짙을수록 아픔의 정도가 크다
아픔이 깊고 길어질수록 전해지는 상처도 크다

그러나 그대여
몸속에 난 길은 누구도 앗아갈 수 없다
일어서야만 한다
악몽의 시간을 벗어나야 한다

천연 핫팩

나이 일흔에도
서너 명 합창에 꿈길처럼 떠난
갈색 청춘의 오늘

울안을 빠져나와
여행 스케치하러 내달리는 길
카 스테레오 음량 키를 높이는 시간
방부제 얼굴의 비법은 활짝 웃음이다

가사보다 사운드라는 요즘
'음악의 재발견' 명제가 무색한
가사 멜로디가 고운 선율은 공동 취향
명곡의 골짝을 타고 노는
미적 차원의 노친들

가슴 떨리는 감미로운 음악
얼떨결에 잡은 냉한 손
유난히 따뜻한 손이 천연 핫팩이 된다

하동 칠불사

세월이 채갔다 풀어놓은 영지
검푸른 숲에 잠겨 마르지 않는 새미에
영혼을 찾아가는 지팡이 의지한 번뇌
정신적 허기를 달래고 섰다

출가득도 중 금기는 속세의 인연
눈물로 피어오르는 모정의 청정한 기도
진리는 궁극에 달아 일곱 왕자 성불하여
황금빛 드리운 전설의 소호

명상의 길 따라 보설루 아랫도리 아자방
100일 면벽수행 좌선 중
가부좌를 풀고 쉬라던 전설의 구들방
백 일 동안 열을 다루어 품는다

다원의 전각, 초의선사 차 정신 새겨진
은하수 둥글게 흐르는 금강석
그 단단함 속 깊어지는 숨의 향미를 마신다

격세지감

늦바람 여인네들 국회도서관을 휘돌고
외양포 가는 길에 바닷바람이 시시덕거린다
삼천포로 새버린 눌차도에 목젖 드러내는 웃음
우윳빛 굴을 잔뜩 퍼담고 기세등등하다

드디어 목적지! 주차장에 깔린 싸한 분위기!
핸드폰을 잃어버렸다고 수선인 저 아낙 보소!
지나쳐 온 곳을 훑어가는 집중의 시간
도서관을 지켰던 양심에 미소가 흘렀지만
훤한 대낮에 눈앞이 캄캄했다가
땅거미 질 무렵 샛노란 낯을 밝힌 광명천지
핸드폰의 세계는 혼미할 따름 즉흥적인 여인들

가덕공항이란 이질감의 바람이 곧 불 터인데
아비 품 같은 서너 개의 갯마을과 산
찬탄하는 풍광이 역사 속으로 사라지기 전
그리고 우리의 정신머리가 더 풀어지기 전
포진지, 인공동굴은 다음 맛집이라 고하며
호방한 웃음소리 벌판을 훑는다

코로나 팬데믹

어깨와 등 팔꿈치
몸이 흔들리고 부딪치는 순간
굳이 말로 못 하는 감정의 조각으로 느끼며
서로 길을 터 줄 때가 되었음을 알리는
무언의 신호

미확인 생물체인 마스크 속
표정을 읽을 수 없지만
사회 정서의 결여에 저항하기보다
함께 쓸려가는 법을 배우는
침묵의 언어

말보다 깊은
감정 표현에 익숙해지는 시점
전통문화 깊은 데까지
변화의 촉매제가 된 코로나 팬데믹

해설

살아 있는 정신의 꽃은 시들지 않는다

박 정 선 (문학평론가)

1. 심지와 중심 그리고 아이덴티티

하위징아(Huizinga)는 인간을 호모 루덴스(Homo Ludens)라고 했다. 인간을 놀이(유희)의 동물이라고 정의한 것이다. 극작가 바타유는 더 구체적으로 "인간의 '지고한 행위'는 유희이며 그것은 위대한 유희의 완벽한 이미지"(「지고성」)라고 설파했다. 그들 말대로 인간은 태어나 성장하면서 노는 것부터 배운다. 잘 노는 아이가 건강하게 성장할 수 있다. 아이들의 놀이는 어른들을 흉내내는 것으로써 이것을 모방이라고 한다. 그리스 시대에 놀이는 신적인 영역으로 인도해 주는 중요한 통로로 보는 전통이 있었고, 당시 헤라클레이토스는 "노는 데 열중하고 있는 아이들은 마치 시간을 관장하는 신과 같다"라고 말할 정도였다. 그러면서 그들은 시를 최고의 놀이라고 명명했다. 아이들이 어른의 흉내를 내면서 성장해 가듯이 시는 창작하면서 영혼이 성장해 가기 때문이다.

그런데 시를 읽다 보면 낯익은 것이 낯설게 느껴지는 것처럼 무언가 낯선 것이 불쑥 얼굴을 내밀며 나타날 때가 있다. 그것은 낯익은 길을 가다가 갑자기 새로운 길을 만난 것처럼 놀라면서도 호기심에 이끌리게 마련이다. 장은정 시인의 시가 그렇다. 장 시인의 작품은 처음에는 낯익은 언어와 친숙한 이미지로 독자를 이끌다가 뜻밖에 새로운 세계를 제시한 것이다. 이럴 때마다 우리는 표현 방법론을 떠올리게 된다. 다름 아닌 '낯설게 하기'(슈클로프스키)이다. 문학 작품은 어떤 표현이 작품의 전면에 나타나느냐에 따라 문학성이 결정되어 지게 되는데, 여러 가지 표현 방식 가운데 낯설게 하기는 사물을 단순히 인지하게 하기보다는 이해하게 하는 기능을 맡고 있다. 즉 우리 주변의 세계를 낯설게 하고 지각 작용이 자동화되는 자연스러운 경향을 깨뜨리는 것이 예술의 진정한 의미라는 말이 되겠다. 그래서 낯설게 하기의 본질은 익히 알고 있는 것, 바로 눈앞에 있는 것에 주의를 집중시켜 이것을 새로움으로 또는 미지의 것처럼 보이게 함으로써 정말로 아는 것으로 만드는 것이다.

그러니까 장 시인은 보편적으로 인식된 시를 쓰리라는 예상을 깨버린 것이다. 그것은 일상적이지 않은 폭넓은 사유가 숨어 있는 탓이다. 그 독특한 사유는 "보석 조각마저/ 꿰뚫을 수 있는 이성의 창"(「예민한 감성으로」) 같기도 하고, "우연히 발끝 상처를 낸 돌을 모셔 왔다"(「우연과 순간의 미학」)라고 할 정도로 심오하며, "단애 끝을 날아오르는 소나무 한 그루"(앞의 작품)처럼 대담하기도 하다. 따라서 "돌을 녹이고 쇠를 녹이는 용암처럼/ 불같은 하루를 살아야 제맛이지"(「변화의 모퉁이에서」)라고 할 정도로 그의 심지는 엄정하다.

어느 시인이든 한 권의 시집에는 그의 숨소리가 담겨 있고 뼈와 살도 있고 붉은 피도 흐르고 있다. 예를 들면 시인이 가지고 있는 이미지에서 느껴지는 예감이 있는데 그것은 둥글기도 하고 세모이거나 네모이기도 하고 또는 형체가 무형이기도 하다. 장 시인의 이미지는 둥근형이다. 둥근 것은 품어 안음과 포용의 상징으로 지구부터 시작된다. 지구는 모든 별 가운데 모성성을 지닌 별이다. 거기에는 대지와 물이 있고 사람을 중심으로 동식물이 살고 있다. 대지와 물은 모성의 원형을 이룬다. 그런데 둥근 것은 마치 촛불의 중심에 박혀 불꽃을 밝히는 심지처럼 정확한 중심이 있어야만 하고 중심은 정중앙이어야 한다. 촛불의 심지는 정중앙에 자리잡아야 제대로 자신의 몸을 산화하여 빛을 발할 수 있기 때문이다.

따라서 장 시인의 시는 가볍지 않다. 마치 촛불의 심지처럼 천천히 제 몸을 녹여 빛(메시지)을 발화한다. 그것은 시인의 올곧은 심지의 특성으로서 아이덴티티의 서정을 형성한다. 이러한 성격을 지닌 대표적인 작품으로 「예민한 감성으로」, 「상실과 자유」, 「우연과 순간」, 「변화의 모퉁이에서」, 「이제 밭을 갈 때」, 「아직 늦지 않은 이야기」, 「우울을 벗다」 등을 들 수 있다. 이 작품군은 특히 감성의 서정성이 잘 조화를 이루면서 시어가 대담하고 시행이 탄탄하고 주제가 선명하다. 그것은 정중앙에 자리잡고 있는 담력 있는 심담心膽의 힘 탓이다.

2. 감성과 이성과 서정성의 조화

 시인은 창조자이다. 그러나 시에 대한 정의는 아직 없다. 애초부터 정의를 내릴 수 없는 인생을 모방하기 때문이다. 어떻든 시인은 그 나름의 개성이라는 통의 수단을 통하여 인생을 재현하는 것이다. 또한 시인은 자신에게 일어난 일들과 감정의 핵심을 재생하는 행위자이다. 그런데 왜, 인간은 내면에 잉태해 있는 것을 밖으로 표출하려고 할까. 왜, 감정을 어떤 무엇으로 형상화하려고 하는 것일까. 만약 그렇지 않으면 인간은 파멸하고 말기 때문이다.(에밀 시오랑) 지난 과거가 무한한 긴장으로 습격할 때가 누구에게나 있게 마련이다. 깊숙이 묻혀 있던 경험(직간접이든 선험적이든)이 지금, 현재로 되살아 올 때가 있다. 그것이 곧 시 쓰기의 서정이다.

 서정은 깊은 내면의 것이면서 농밀한 것인 탓에 그만큼 외부로 표출하려는 욕구가 절박하다. 괴로울 때, 사랑을 느낄 때, 인간이 서정적으로 되는 이유는 가장 인간적인 감성에 취하기 때문이다. 고통과 사랑이란 그 성질과 지향성은 다르지만, 존재의 아주 깊은 심연으로부터 솟아오르는 정신의 꽃 같은 것이기 때문이다. 장 시인의 작품에는 그런 꽃이 낯설게 드러나고 있음이 확실하다.

> 여름과 가을 사이의 하늘과 태양
> 완전한 무로 가는 길에
> 우리는 사랑의 꽃을 피워야 해요
>
> 죽음을 앞둔 별은 뜨겁고 찬란해요
> 야성도 뜨거움이라면
> 흩어져 불타는 보석 조각마저
> 꿰뚫을 수 있는 이성의 창을 주셔요
>
> 자신을 비워가는
> 치열한 이성이 아름다움이라면
> 차디찬 절벽을 기어오르는
> 깊고 예민한 감성을 갖게 하셔요
>
> 그 감각의 촉과 마음의 음색으로
> 맞이했던 혹독한 계절
> 별의 최후엔 꽃노을을 보게 하셔요
>
> ―「예민한 감성으로」전문

예민한 감성은 고독을 바탕으로 한다. 그리고 고독은 내면 세계를 지극하게 만들어 줄 뿐만 아니라 풍

요롭게도 한다. 따라서 명징한 직관으로 세계를 관조할 수 있는 시간에 고독한 산책을 해야 한다. 그런데 얼마나 많은 고독을 거슬러 올라가야 정신에 접근할 수 있을까, 얼마나 많은 체념과 내면의 불길을 꺼야만 거기에 가 닿을 수 있을까. 고독은 성찰에 대하여 게으른 삶을 부정한다.

작품 「예민한 감성으로」는 이 하나의 작품만 가지고도 낮과 밤 하루쯤을 보낼 수 있을 만큼 깊은 고독과 사유의 세계를 담지하고 있다. 인생에 대한 성찰이 무엇인지를 추구하기 때문이다. 이성과 감성과 서정성의 조화는 고독이라는 명징한 직관력을 토대로 하여 "무, 사랑, 이성, 감성, 별" 등의 키워드를 부각시킨다. 그는 이러한 관념어를 서정의 불로 녹여내어 시로 형상화하는데 이른다. 무는 완전해야 하고 사랑은 꽃이어야 한다. 이성은 광석(보석)을 꿰뚫을 만한 창이어야 하고, 감성은 차가운 절벽을 기어오를 정도의 깊고 예민해야 한다.

첫 연의 "완전한 무로 가는 길에/ 우리는 사랑의 꽃을 피워야 해요"라는 진술은 모든 것을 놓아버렸을 때 비로소 완성되는 사랑(아가페이든 에로스이든)을 말한다. "여름과 가을 사이의 하늘과 태양"은 한 단계에서 다른 단계로 넘어가는 과정으로 변화의 과도기로서 완전한 무로 가기 위해서는 중심을, 지조를 꼿꼿하게 세워야 함을 강조하고 있다. 그것은 다름 아닌 사랑의 꽃이 상징하는 품어 안음과 포용이다. 그것은 곧 "죽음을 앞둔 별은 뜨겁고 찬란해요" 같은 뜨거움이다. 그래서 화자에게는 "흩어져 불타는 보석 조각마저/ 꿰뚫을 수 있는 이성의 창"이 필요하다.

이는 차오른 욕망을 비우기 위한 방편인 동시에 완전한 무로 가는 길이며 사랑의 꽃을 피우는 길이다. 그런데 시인은 "자신을 비워가는/ 치열한 이성이 아름다움이라면" 차디찬 절벽을 기어오르는 깊고 예민한 감성을 갖게 해 달라는 것이다. 가멸찰 정도로 자신에 대한 엄격함을 요구한 것이다. 그래야만이 그곳에 가 닿을 수 있기 때문이다.

이와 같이 그가 추구하는 예민한 감성은 "최후의 꽃노을"을 펼치기 위함이며 이것은 진정한 내면을 성찰하게 되면 사람은 보편성으로 다가서게 된다는 것, 반면 본질의 주변에 멈추어 있는 사람은 보편성에 접근하지 못한다는 것을 말해 주고 있다.

3. 깊은 심연에서 올라온 꽃대

주지하다시피 시의 화자는 일인칭 '나'가 중심인 화자 지향과 이인칭 '너'가 중심인 청자 지향, 그리고 삼인칭 '그' 또는 '그것' 중심인 화제 지향의 셋으로 나누어지게 된다. 그리고 일인칭일 경우 나(시인)의 가장 깊고 생생한 내면의 에너지를 보여주는 것이 시 쓰기의 서정이다.

장 시인은 작품 대부분을 일인칭 화자 중심을 보인다. 따라서 화자의 입을 빌린 '나'의 내면 묘사가 돋보이며 그것은 깊은 심연에서 밀어 올리는 꽃대와 같다. 그러나 아직 꽃은 아니다. 꽃은 꽃대가 제대로 올라온 다음에 피는 것으로, 꽃은 꽃대를 중심으로 존재하는 것이기 때문이다. 꽃대는 앞에서 언급한 심지와 중심이다. 꽃이 실하게 피려면 꽃대가 튼튼해야 하는 것은 당연하다. 시에서 튼튼한 꽃대는 무엇일까.

대부분 사랑에 빠졌을 때 시를 쓰는 것처럼, 인간은 절박한(병, 또는 정신적 고통) 경험을 하게 된 다음 마음의 혼란이 절정에 달했을 때 서정적이 된다고 한다.(라캉) 그리고 서정은 비이성적이며 가변적인 표현을 통해서만 적절하게 객관화할 수 있다. 자신 속에 무엇이 숨어 있는지, 세계에는 또 무엇이 숨어 있는지 알지 못한 인간은 어떤 괴로움을 경험하는 순간에야 비로소 주관성이라는 끝없는 세계로 진입하게 되는 것이다. 거기에는 새로운 발견과 새로운 동경과 새로운 희망이 존재하게 된다. 그것을 우리는 변화라고 명명하며 장 시인의 다음 작품에서 발견할 수 있다.

>지진도 없고 혁명이 사라진 봄날
>다시 깨어
>거대한 물결을 보았다
>
>해가 떨어진 자리에서
>열화와 같은 심장을 억누른 채
>슬로비디오라는 별명을 매달고
>느린 바람의 속도로 걷는 길에
>
>제멋에 겨워 저울질하고
>죽고 사는 번뇌의 파고를 넘으며
>내일은 둥지를 지으리라는 할단새처럼
>다짐은 늘 숙제 같은 것

> 날마다 변하는 세상의 귀퉁이에서
> 비록 거친 파도를 탈지라도
> 돌을 녹이고 쇠를 녹이는 용암처럼
> 불같은 하루를 살아야 맛이지

- 「변화의 모퉁이에서」 전문

첫 연의 "다시 깨어 / 거대한 물결을 보았다"라는 것은 새로운 세계에 대한 발견이다. 그것은 자기 변화와 혁명으로 이어지고 있다. "지진도 없고 혁명이 사라진 봄날"은 혁명이 이루어진 것에 대한 반의어, 즉 아이러니다. 따라서 우리는 이쯤에서 욕망과 결핍을 생각해 볼 필요가 있다. 욕망은 결핍에서 시작되는 것이며 스스로에게 결핍된 것에 대한 추구이다. (플라톤) 그렇다면 "화려한 그림자의 상실은" 위기가 아닌 희망의 징조가 된다. 그런데 왜 시인은 "위기의 징조"라고 했을까, 그것은 위에서처럼 희망을 더욱 희망적이게 하는 아이러니이다. '화려한 그림자'는 곧 욕망에 대한 은유이기 때문이다. 그런데 욕망은 단순히 결핍을 채우는 것에서 그치지 않는다. 욕망은 보다 더 나은 것을 추구하는 것이 본질이다. 나이프와 포크로 식사하는 것과 날고기로 배를 채우는 것은 다르다. 인간이 욕망하는 것은 맛있는 것을 더 맛있게 먹기를 원하기 때문이다. 손이 많이 가는 조리법과 까다로운 식사 예절은 더 나은 것을 추구하는 욕망이다. 결과적으로 이와 같은 욕망은 보다 더 아름다운 것을 추구하는 욕구이다.(스피노자) 그리고 마지막 연의 "돌을 녹이고 쇠를 녹이는 용암처럼/ 불같은 하루를 살아야 맛이지"라는 진술이 이 모든 것을 뒷받침해 주고 있다.

4, 상실과 자유 그리고 서정성

브룩스에 따르면 시는 모든 생활 과정의 이미지이며 동시에 인간 자신의 계발적 이미지이다. 이 말은 시는 추상으로서가 아니라 구체적인 매체를 통해 표현하는 것임을 강조하는 말이다. 고통(특별한 고통이 아닐지라도)의 서정은 내면을 정화한다. 그 정화작용 속에서 상처는 내용이 부재한 단순한 표출이 아니라 깊은 본체의 본질과 교감하게 되는 것이다. 사실 서정이란 피와 살과 신경의 노래다. 그러므로 거의 모든 병은 서정적 효과를 유발한다. 사람이 아플 때, 그러니까 병病은 내적으로 사람을 심오하게 만든다. 사람은 몹시 힘든 신체적 괴로움을 겪고 나서야 진정으로 서정적이 된다. 비이성적이지 않으면 서정적으로 될 수 없다. 예를 들면 이성의 경계가 흐트러지고 정신적 도취에 빠졌을 때라야 풍부한 시적 창작력을 보이는 것이다. 서정성의 진정한 가치는 그것이 오로지 진정성이 불꽃을 피울 때 존재하는 것이다. 장 시인의 다음 작품에 그런 매력이 있다.

>검푸른 잿빛, 소소리바람
>화려한 그림자의 상실은 위기의 징조였다
>
>융융한 표면 아래 작은 바람이 일고
>부족한 골짜기에 한 획을 그어버린 바닷새는
>개와 늑대의 시간을 맞닥뜨렸는지 모르겠다
>
>날개 돋친 밀물
>또 한 번의 풍랑이 할퀴고 간 뒤
>바닷속은 말짱하게도 공허하고 깊어졌다
>
>난해한 잔여물 속에서 눈을 뜬 인내는
>사랑에 빠진 뇌처럼 달콤하여
>비로소 찾아 읽는 평화의 행간에

참꽃 같은 웃음은 덤인 듯

자유, 그쯤에서 느끼는 모순

- 「상실과 자유」 전문

날마다 변하는 세상의 귀퉁이에서
비록 거친 파도를 탈지라도
돌을 녹이고 쇠를 녹이는 용암처럼
불같은 하루를 살아야 맛이지지

- 「변화의 모퉁이에서」 부분

「상실과 자유」는 현대 지성인들을 영성의 세계로 이끄는 데이비드 호킨스를 떠올리게 한다. 데이비드는 정신과 의사로 테레사 수녀가 있는 힘을 다하여 상찬한 세계적 영성가이다. 그는 인간의 의식 수준을 척도화 한 '의식 지도'로 유명하다. 그는 외적인 것들, 즉 유명세로 이름나는 것, 화려한 것에 의해 행복이 좌우되지 않는다고 본다. 그는 "의식 수준이 높을수록 작은 나보다는 큰 나에 지배되기를 바라게 되며 그로 인하여 행복도 커진다"고 본다. 그것은 곧 '놓아버림'이다. 그것은 영적 진화에서 오는 것이므로 영적 진화를 위해 예술을 가까이해야 하며 아름다움에 묻혀 살기를 즐겨야 한다고 이른다. "예술과 창조성을 감상할 줄 알면 영적 알아차림이 향상된다."(『놓아버림』)고 하면서 세상을 향해 열려 있음을 경험하는 관상觀賞을 권한다. 관상이란 다소 초연한 상태에서 모든 것을 지켜보는 관조를 말한다. 또한 세상을 가벼운 옷처럼 걸치고, 그러니까 세상으로부터 인정받고자 하는 인정욕구에 치우치지 말고 '친절'을 행해야 한다고 이른다. 친절이야말로 인간이 갖추어야 할 최고의 덕목으로써 겸양이며 지성이며 의식의 혁명이기 때문이다.

그는 예외를 두지 않고 살아 있는 모든 것에 대하여 친절한 것이 "모든 것 가운데 가장 강력한 힘이며, 그것은 이기적이고 권위적인 오만에서 벗어나는 능력을 강화시켜 주며, 그 효과는 미묘하리만큼 멀리 깊이 미치게 된다"고 강조한다.

장 시인의 작품에는 그런 친절 이미지 또한 농후하다. 즉 얻기 위해서 잃어야 한다는 것을 알기 때문이다. "화려한 그림자의 상실"을 거쳐 "개와 늑대의 시간과 맞닥뜨리는" 모험을 거쳐 "날개 돋친 밀물/ 또 한 번의 풍랑이 할퀴고 간 뒤/ "바닷속은 말짱하게도 공허하고 깊어졌다"고 진술한다. 그런 다음 비로소

"찾아 읽는 평화의 행간에 참꽃 같은 웃음은 덤인 듯" 한 자유의 세계를 발견한 것이다. 그것을 시인은 자유를 얻기 위한 모순으로 간주한다. 부연하자면 얻기 위해 잃어야 하는 모순어법 즉 패러독스를 구사한 것이다. 그리고 이것은 "날마다 변하는 세상의 귀퉁이에서/ 비록 거친 파도를 탈지라도/ 돌을 녹이고 쇠를 녹이는 용암처럼/ 불같은 하루를 살아야 맛이지"라는 의지를 피력한다. 「상실과 자유」, 「변화의 모퉁이에서」 보여주는 시인의 서정은 사실 종교적 성향을 건너뛰고는 설명할 수가 없다.

5. 소유와 존재의 세계

그는 소망한다. "산다는 게 뭘까/ 곳곳에 아름다움을 심으며 발자국을/ 내는 일"(「산다는 것」)에서, "약한 데서 힘을 얻는 나눔의 자리에/ 은총의 이름값이 놓이고/ 인내와 더불어 덤으로 맞이할/ 기쁨의 날들"(「아름다운 계산」)이라는 진술에서 시인이 지향하는 종교적인 세계가 드러나고 있다.

사실 인간은 종교 생활을 하든 하지 않든 종교적이다. 또한 종교적일 때 인간은 비로소 겸손을 알게 되며 친절할 줄 알게 되며 사유할 줄 알게 된다. 이는 거울을 통하여 나를 앎으로써 성취할 수 있게 된다. 라캉의 거울론에 따르면 타자는 나의 거울이고 나는 타자의 거울이다. 자연의 사물도 타자도 나를 보는 거울이며 나는 반대로 자연의 사물과 타자를 비추는 거울이다. 같은 거리에 있는 풍경도 보는 각도에 따라 다르게 보이듯이 개개인은 모두 다른 세계의 상을 보는 것이다. 하나의 세계라도 개개인의 관점에 따라 다르다는 말이 되겠다. 그러므로 세계와 개인은 서로에게 거울과 같다. 나는 세계를 비추고 세계는 나를 비추는 것이다. 이는 종교적인 세계를 은유한 것으로 모두가 세계의 거울에 지나지 않는다. 비추는 방법에 따라 자기 정체성(아이덴티티)이 만들어지게 되는 것이다. 거기에는 상징과 은유와 이미지가 있고 시는 그렇게 태어난다.

삶은 타이밍

장애물에 부딪히며 흐르는 강물처럼
기도하던 중 응시한 촛불
거룩한 지향인 양 순간 포착된 마리아상
과학과 믿음 사이를 걸어가는 순간이다

봄 길 따라나선 문경새재 이화령
단애 끝을 날아오르는 소나무 한 그루
찰나의 생각으로 화폭에 담은 수묵화의 세계

하얀 도화지에 정교한 그림
예기치 않은 실수에 덮어버린 즉흥 드로잉
미지의 불안에 영감이 피어난 순간
사소한 변화지만 기적을 이룬다

우연히 발끝 상처를 낸 돌을 모셔 왔다
첨탑 위로 흐르는 유유한 구름처럼
세월이 흐르고 수맥도 흐르니 이끼가 덮였다
넉줄고사리가 돋아나고 돌단풍이 자라난 돌나무
자연 생태계에 독특한 사연이 스며든 순간이다

자연의 흐름 속 교집합의 탄성
우연의 순간이 결정적 예술로 승화한다

— 「우연과 순간」 전문

'우연'과 '순간'은 따로 존재하는 것일까, 그렇지 않다는 것을 시인은 말하고 싶어 한다. 우리가 살아가는 일상은 단위별로 시간을 계산한다. 하루를 24시간으로 1년은 365일로 계산하지만, 그것은 순간에 불과함을 시인은 말하고 있다. 또한 시인은 순간을 우연으로 은유한다. 그래서 시인은 인간의 삶을 타이밍 즉 순간으로 간주한다. 순간을 형상화하라고 한다면 빛으로 나타낼 수밖에 없다. 그러나 순간은 빛처럼 지나가고 마는 순간이 아니다. 순간이 모여 1년을 이루고 천년을 이루는 것은 곧 순간이 삶이라는 것, 일상이라는 말이 되고도 남는다. 시인은 여기에서 의식의 포인트를 포착한 것이다.

순간은 주로 극적이다. "기도하던 중 응시한 촛불/ 거룩한 지향인 양 순간 포착된 마리아상"이라는 진술에서 시인은 종교적 세계와 삶을 연결한 것이다. 성모에 대한 사모함을 극적으로 표현한 것이다. "단애 끝을 날아오르는 소나무 한 그루/ 찰나의 생각으로 화폭에 담은 수묵화의 세계" 역시 순간에 포착된 종교적인 세계에 대한 사모이다. 그리고 "미지의 불안에 영감이 피어난 순간/ 사소한 변화지만 기적을 이룬다"고 진술한다. 종교적으로 인간은 어떤 특별한 기적을 기대할 때가 있다. 그러나 시인은 우리의 삶이 순간으로 이루어진 기적이라는 것을 말하고 있다. 무엇보다도 돋보인 것은 "우연히 발끝 상처를 낸 돌을 모셔 왔다"는 진술이다. 나에게 상처를 준 대상을 정중하게 모셔 온다는 것은 종교적 차원의 사유가 아닐 수 없기 때문이다. 이 모든 것은 나를 알고자 하는 의지에서 비롯된다. 종교의 근본적인 목적은 '나를 알기 위함과 나로부터 벗어나는 것'이기 때문이다. 데이비드 호킨스의 제언대로 '놓아버림'을 실현하는 것이다.

장 시인의 시 세계는 결국 소유와 존재의 세계를 보여준 것이다. 인간에게는 소유와 존재를 떼어놓고 말할 수 없기 때문이다. 그래서 시인은 놓아버림을 소망한다. "낡은 것은 내 것/ 좋고 새로운 것은 네 것이란 선한 강박"과 "고독 서린 바람벽을 등지고 글을 쓴다는 행위/ 안에서만 풀어 놓을 뿐/ 그 어느 바깥에도 내놓지 못한 채 밤새 고상고상/ 혀는 길어져 있었다"(「이제 밭을 갈 때」)고 진술한다. 더 깊이 밭을 갈고 싶은 것이다. 소유와 존재에 대하여 더 깊이 진지해지고 싶고 더 깊이 천착하고 싶은 열망 탓이다. 그래서 "스스로에게 들려주고 싶은 이야기/ 너무 비장하지 말기를/ 오늘 당장 아니어도 괜찮다고" 스스로 위로하면서 "내일은 비가 온다는데/ 뚫어지는 이 가슴에 가을비가 온다는데/ 그래도 단단한 마음의 뿌리에 감사하다고/ 늦지 않게 들려주고 싶은 이야기"(「아직 늦지 않은 이야기」)가 있음을 고백한다.

  장 시인의 소망은 앞으로도 계속될 것으로 보인다. 모든 시인은 내가 존재한다는 사실은 이 세상이 무의미하다는 것을 증명하는 것이며, 모든 것의 끝은 사라짐이며 세상 이치는 고통이라고 생각하며 끝없이 번민하는 사람들이기 때문이다. 따라서 "콩밭에 두었던 감정을 추슬러 옷을 갈아입고/ 이제 제대로 밭을 갈아야 한다// 한 톨의 소망에도/ 집중의 리듬을 타는 거다"(「이제 밭을 갈 때」)라는 진술처럼 그는 정중앙에 뿌리내린 심지로 알맞게 잘 타오르는 내면의 촛불을 말없이 조용히 밝힐 것이다.

빛남시선 : 172
우연히 발끝 상처를 낸 돌을 모셔 왔다

초판인쇄 | 2025년 10월 27일
초판발행 | 2025년 10월 31일
지 은 이 | 장은정
펴 낸 곳 | 빛남출판사
등록번호 | 제 2013-000008호
주   소 | 부산시 사하구 감천로21번길 54-6
　　　　　T.(051)441-7114　E-mail.wmhyun@hanmail.net

ISBN 979-11-94030-28-7 (03810))

값 12,000원.

＊이 시집은 2025년 부산광역시, 부산문화재단 〈부산문화예술지원사업〉의
　지원을 받아 제작하였습니다.